Controla Tu
Trader Interno

por LR Thomas

.

CONTENIDO

CONTENTS III

EL DESAFÍO DEL TRADING..5

COMPORTAMIENTOS PROBLEMÁTICOS EN EL TRADING 6

HACERSE PROFESIONAL 8

TALENTO FRENTE A TRABAJO DURO 11

LA REGLA DE LAS 10.000 HORAS 13

DEFINIENDO TUS CIMIENTOS PSICOLÓGICOS...14

TU SISTEMA DE TRADING..15

PREPARA EL ENTORNO DE TRADING ADECUADO 19

ESTRUCTURA DE TRADING PARA EL SISTEMA DE TRADING COMPATIBLE CON TU TRABAJO 20

DESCONECTAR TU ATENCIÓN 23

SUPERANDO TUS COMPORTAMIENTOS DE TRADING ERRÓNEOS.................24

EL PRINCIPIO 80/20 27

COMPORTAMIENTOS NEGATIVOS EN EL TRADING.......................................28

NO COMPROMETERTE A USAR TU SISTEMA...29

DEMASIADO DE TODO EN TU TRADING 31

ENTRAR AL MERCADO DEMASIADO PRONTO 35

EL MÉTODO FÍSICO 36

EL MÉTODO EMOCIONAL 39

CÓMO PRACTICAR EFT 41

EJEMPLO..46

ENTRAR AL MERCADO DEMASIADO TARDE..............................47

CÓMO MANEJAR EL SOBRE-ANÁLISIS, EL MÉTODO FÍSICO 49

EL MÉTODO EMOCIONAL 51

EL MÉTODO EMOCIONAL PARA EL PARÁLISIS POR ANÁLISIS Y EL MIEDO A EQUIVOCARSE 53

RESUMEN 65

CONCLUSIÓN 66

RECURSOS RECOMENDADOS 67

El desafío del Trading

La mayoría de los libros sobre psicología de trading son muy complicados: este libro no lo es. La mayoría de los libros sobre psicología de trading describen las dificultades que encuentran los traders pero no describen los procesos para manejar estos problemas: de nuevo este libro no es de este tipo.

Este libro señala los desafíos a los que se enfrentan los traders en el aspecto psicológico y después indica estrategias sencilla para manejar cada uno de los desafíos.

El motivo por el que puedo presentarlos en un libro cuando no te conozco personalmente es que los desafíos del trading tienden a provocar los mismos comportamientos.
Hagamos una lista de esos comportamientos para que veas lo que quiero decir.

L.R THOMAS

Comportamientos Problemáticos en el Trading

Abrir una operación sin motivo.

No abrir frecuentemente operaciones que deberías haber abierto.

Abrir las operaciones demasiado tarde.

Abrir las operaciones demasiado pronto.

Operar vengativamente, cuando pierdes el control e intentas recuperarte de operaciones con pérdidas.

Arriesgar demasiado en una operación.

Arriesgar demasiado poco en una operación.

Operar sin seguir tu estrategia.

Operar sin stop loss.

Aumentar tu stop loss.

Operar con un stop loss demasiado cercano.

Tomar beneficios demasiado pronto.

Tomar beneficios demasiado tarde.

Usar demasiadas estrategias y mezclarlas.

Usar demasiados marcos temporales y mezclarlos.

Operar con demasiados instrumentos.

Ser demasiado influenciable por otros traders

Comprar cursos y más cursos de trading.

CONTROLA TU TRADER INTERNO

Buscar el sistema perfecto de trading (El Santo Grial del Trading).

Miedo a apretar el gatillo (miedo de abrir operaciones)

Todos los comportamientos anteriores son síntomas de una actitud mental errónea de trading, ¿Por qué sucede ésto? y ¿qué podemos hacer?

Empecemos con la mentalidad fundamental para llegar a ser un trader 'Profesional'. Observarás que dije trader 'Profesional', no dije trader ganador. Hay una profunda diferencia de actitud entre un trader que trabaja para aumentar su profesionalidad y un trader que quiere ser un trader 'ganador'. Así que ¿por qué deberías trabajar para ser un trader profesional?

L.R THOMAS

Hacerse Profesional

En su libro 'La Guerra del Arte', un libro que te recomiendo encarecidamente, Stephen Pressfield describe la diferencia entre un amateur y un profesional. En primer lugar un profesional no se define por los resultados de su comportamiento sino por su seriedad en la materia. Tienen que superar su resistencia interna que es su peor enemigo.

'Hacerse Profesional' tal como se define en su excelente libro es una decisión de comprometerse sin importar el resultado. Aceptar que la cosas se pondrán difíciles, miserables y aburridas pero tu trabajo es levantarte y hacer tu trabajo lo mejor que puedas.

Pressfield define 'trabajo' como cualquier actividad que mejore tu vida a largo plazo pero que sea difícil a corto plazo. Sin embargo pienso que su analogía se aplica mejor al acto creativo que es la escritura pero puede describir fácilmente describir el acto de operar en el mercado. A lo largo de este libro describiré la mentalidad del trading como 'hacerse profesional'.

Operar en el mercado es el supremo acto creativo; nuestros sistemas de trading, sean de nuestro propio diseño o no, nos exigen realizar un juicio que sabemos es finalmente subjetivo. Decidimos arriesgar capital en nuestras ideas y tenemos que decidir cuándo y cómo entramos y salimos del mercado. Ésto requiere una posición mental independiente y un compromiso con la excelencia que la mayoría de las personas nunca tendrá. En otras palabras, tienes que tratar tu acto creativo como una profesión. Pero a diferencia de la mayoría de las profesiones, tú escribes las reglas. Te haces profesional cuando respetas las reglas que has escrito, incluso cuando aún no sabes si son válidas.

El problema es que muchos llegan al trading como un medio de liberarse de un trabajo o profesión. No quieren más profesionalidad, quieren menos. No quieren escribir reglas y cumplirlas, quieren libertad creativa. No quieren aburrido y miserable, quieren excitante y feliz. Estas actitudes forman su mentalidad fundamental cuando llegan al trading. No es de extrañar que operen impulsivamente cuando sus fundamentos son completamente desastrosos.

Buscan que el trading les de lo que no obtienen de sus vidas, piden que el trading les de lo que no les puede dar. Quieren que el trading llene sus vidas y que sea rentable. El trading no puede hacer eso. ¡Trading es solo trading!

Si buscas emociones en el trading, entonces el trading puede darte emociones, pero no esperes rentabilidad si lo que realmente buscas son emociones.

Si buscas pasar el tiempo con el trading, entonces el trading puede ocupar cada hora que tengas, pero no esperes rentabilidad si lo que realmente buscas es una forma de mantenerte ocupado.

Si buscas un nuevo desafío en la vida el trading puede desafiarte como nada te ha desafiado antes, pero eso no significa que vayas a ganar dinero.

¿Ves donde quiero llegar? Si has llegado al trading por razones equivocadas, es el momento de aceptarlo interiormente y considerar si quieres realmente seguir adelante con el trading. ¿Por qué deberías considerarlo? Porque un trader profesional no busca emociones o desafíos, ni cómo pasar el tiempo, simplemente busca oportunidades de ganar dinero en el mercado.

Ese es su trabajo y tiene que tener una exquisita paciencia para esperar la oportunidad adecuada, esperar a la entrada correcta, esperar que la operación se desarrolle, esperar a avanzar el stop loss y esperar a tomar beneficios.

Talento Frente a Trabajo Duro

¿Así que has decidido que quieres ser un trader profesional? ¿Sí?

Entonces déjame que te haga una pregunta más difícil, ¿Tienes un talento natural para el trading?

La opinión más extendida es que el trading se aprende y no necesitas tener talento para practicarlo. Que cualquiera puede aprender y llegar a cualquier meta si lo intenta lo suficiente. Yo estoy en desacuerdo con esta opinión. Yo tengo talento para el Inglés, siempre tenía sobresaliente en mis exámenes sin estudiar nunca. También tenía un gran talento para la venta telefónica en mi juventud. No tengo talento natural para el trading.

Hay personas con creatividad natural, algunos son grandes cantantes. Cuando ves un talento real lo reconoces con facilidad, incluso en bruto. Ese es el trabajo de un caza-talentos.

Si es así ¿por qué no se aplica también al trading? El talento hace que adquirir una habilidad sea mucho más fácil. ¿Cómo se reconoce el talento en el trading?

¡Por el tiempo que necesitas para adquirir la habilidad y la actitud necesaria para ganar!

L.R THOMAS

Los traders con talento necesitan mucho menos tiempo. Si oyes hablar de un trader que empezó a ganar dinero en menos de 2 años puedes estar seguro que ese trader tiene talento.

Puedes llegar a ser un trader rentable sin talento pero será un recorrido más largo y difícil.

La mujer de este vídeo necesito 10 años para llegar al nivel de tener un fondo de más de 140.000.000 $
http://tinyurl.com/140million

La Regla de las 10.000 Horas

Ésto me lleva al punto siguiente, la regla de las 10.000 horas. Malcolm Gladwell, en su excelente libro "Fuera de Serie", habla de la regla de las 10.000 horas. Cita un estudio sobre lo que los mejores músicos profesionales hacían de forma diferente a los músicos que solo llegaban a ser profesores de música.

El estudio descubre que el talento no tenía influencia, que la diferencia era la cantidad y el tipo de ensayo. Los músicos profesionales ensayaban mucho, mucho más que los músicos con menos éxito.

Además ensayaban esas áreas que les resultaban difíciles y les hacían crecer como músicos, lo aburrido y difícil, mientras que los músicos menos dedicados ensayaban lo que les parecía más cómodo.

¿Cual es la conclusión? mi opinión es que algunos traders tienen un talento natural que les ayuda a necesitar menos tiempo para llegar a ser rentables, sin embargo la evidencia muestra que la mayor parte de los que alcanzan las cotas profesionales más altas lo hacen con el equivalente a 10.000 horas de práctica difícil y desafiante.

En todo caso ésto muestra que con dedicación puedes tener éxito en el trading. ¿Te comprometes? Bien. Entonces empecemos.

L.R THOMAS

Definiendo Tus Cimientos Psicológicos

Para muchos traders que han estado operando sin ningún control por algún tiempo, pueden necesitar empezar de cero y por tanto comenzaré con ésto en mente. Si has estado operando de este modo, mi primer consejo es ¡DEJA DE OPERAR DE INMEDIATO!

Necesitas aclarar tus ideas y empezar de nuevo. Dejando de operar durante unas semanas y comprometiéndote en este proceso, puedes reiniciar tu cerebro y empezar de cero.

Tu Sistema de Trading

Si tienes problemas porque empleas demasiados sistemas, si sigues saltando de sistema en sistema y comprando curso tras curso, es tiempo de parar.

La razón por la que los traders hacen ésto es por miedo de perderse el maravilloso último sistema del mercado.

Subestiman el intenso trabajo que es necesario solo para hacer una estrategia rentable. Además asocian más sistemas con más oportunidades y más oportunidades con ganar más dinero.

El problema es que el cerebro humano está limitado en el número de cosas en las que puede enfocar en cada momento. Cuando intentas operar en demasiados marcos temporales, pares de divisas o sistemas pierdes claridad y sin claridad no puedes operar a satisfacción.

El otro problema es que los traders intentan usar sistemas y marcos temporales que no concuerdan con su personalidad y su estilo de vida. Piensan que si otro trader gana dinero con ese sistema, ellos lo harán también. Sin embargo nada puede estar más lejos de la verdad, debes usar un sistema que concuerde contigo y descartar todo lo que no lo haga.

Yo cometí este error en el pasado: Compré un curso de una trader fantástica de corto plazo con un ratio documentado de operaciones ganadoras de un 94%. Sin embargo yo no puedo operar como ella, no tengo la paciencia para estar todo el día mirando la pantalla. Su método era tan diferente a mi propio método a medio plazo que ni siquiera me preocupé de seguir hasta comprobar el sistema. Simplemente decidí seguir con lo que hacía bien y no cometer de nuevo ese error.

¿Cómo sabes qué tipo de sistema es el mejor para ti? Es el sistema que te resulta más fácil y sientes como más natural, el que te da más éxito.

Para mi es usar gráficos de velas de un día y de cuatro horas y después afinar las entradas con gráficos de velas de una hora. (Si estás interesado en mis métodos, prueba mi libro El Sistema de Trading 10XROI o mis otros libros Sistema de Trading Compatible con Tu Trabajo y mi sistema de gestión de operaciones que puede transformar una operación con un ROI de 10/1 en una con un ROI de hasta 30/1, Cómo Piramidar Tus Operaciones de Trading para Aumentar las Ganancias. Se pueden encontrar en mi página de autor en Amazon o en el capítulo de recursos al final de este libro).

Cuando tengas un sistema que se adapte a ti, concéntrate sólo en ese sistema y nada más hasta que operes consistentemente y tan cerca de la perfección como puedas.
Lo que es vital es medirlo todo para que veas dónde están tus operaciones más rentables y dónde pierdes dinero. Por ejemplo puede que encuentres que ganas más operaciones en corto que operaciones de compra, pues deja de comprar con este sistema. Inmediatamente habrás mejorado tu rentabilidad.

CONTROLA TU TRADER INTERNO

Qué tipo de cosas puedes probar: Operar solo en corto. Operar solo en largo. Tipos de entrada. Horas del día para entrar, Días de la semana, Distancia del stop loss y de la toma de beneficios. Tipo de toma de beneficios y mucho más.

Necesitas estar probando constantemente la forma más rentable de ejecutar tu método. Por tanto verás que es más importante encontrar un método que se adapte a ti que un método fantásticamente rentable. Siempre podrás hacer ajustes para aumentar la rentabilidad pero ¡no podrás hacer un gran scalper de un trader con talento natural para el medio plazo!

No hay necesidad real de añadir más sistemas a menos que aparezcan muy pocas oportunidades con el que tienes, ya que con un sistema rentable puedes ganar suficiente dinero para cubrir todas tus necesidades y deseos.

Si añades otro sistema, busca algo que encaje fácilmente con tu sistema actual para que tu cerebro tenga que hacer las menores adaptaciones posibles. ¿Qué quiero decir con eso? Bueno, en mi Sistema 10XROI uso los gráficos de velas diarias para encontrar patrones específicos de entrada y uso los gráficos de velas de una hora para confirmar y entrar al mercado.

En mi Sistema de Trading Compatible con Tu Trabajo sigo usando gráficos de velas diarias y el mismo conjunto de técnicas sobre el gráfico, pero las entradas son diferentes y uso el cierre de las velas de cuatro horas para entrar en lugar de las velas de una hora

Hay suficientes puntos en común entre los dos sistemas para que sea muy fácil y natural añadir uno una vez que se domina el otro.

No tiene sentido intentar trabajar en tu psicología hasta que te hayas decidido por un sistema comprobado que se adapte a tu forma de vida y a tu personalidad. Cuando lo hayas encontrado, ¡Entonces comienza el trabajo!

Prepara el Entorno de Trading Adecuado

Primero quiero explicar lo que quiero decir con el entorno de trading adecuado. No solo se refiere al espacio físico para el trading aunque desde luego lo incluye.

Se refiere a todo lo que es físico incluyendo las acciones que desarrollas mientras operas con tu sistema. Déjame que te ponga un ejemplo para que veas lo que quiero decir.

Lo pondré en relación con el Sistema de Trading Compatible con Tu Trabajo que usa gráficos de velas diarias y de cuatro horas.

Primero yo tengo la suerte de disponer un despacho separado donde está situada mi plataforma de trading ¡aunque no es imprescindible!

Estructura de Trading para el Sistema de Trading Compatible con Tu Trabajo

Voy a mi oficina y abro mis gráficos a las 10 pm los Domingos, Lunes, Martes, Miércoles y Jueves para buscar patrones de velas diarias.

Uso un conjunto de reglas específicas para encontrar los patrones. Esas reglas están en una hoja de papel en la pared y en un documento en el escritorio de mi ordenador.

Cuando encuentro un patrón de velas diarias compruebo el gráfico de velas de cuatro horas. Reviso los gráficos de velas de cuatro horas a las 8 am, 12 pm, 4 pm, 8 pm y 12 am GMT

Si aparece una entrada, leo las condiciones de entrada que tengo impresas en la pared o en el documento del escritorio del ordenador para asegurarme. Si es una entrada válida, decido qué capital arriesgar en esta operación usando mi calculadora. Entonces abro mi aplicación de trading, que es diferente de mi aplicación de gráficos e inicio la operación, ajustando mi stop loss, también programo una toma de beneficios a una distancia entre 7 y 10 veces la del stop loss por si sucede algo que mueve el precio de forma anormal.

Entonces programo una alerta por SMS que me avisa si el precio alcanza un beneficio cinco veces superior a mi riesgo, después cierro mi aplicación, apago mi ordenador y me dedico a otras cosas. (me obligo a mi misma a hacer ésto a pesar de que me gustaría seguir observando los gráficos. Sé que si lo hago probablemente sienta ansiedad y salga de la operación sin seguir mi plan.)

Si recibo la alerta por SMS abro de nuevo la aplicación y comienzo a avanzar mi orden de stop loss dependiendo de diversos factores que detallo en mi libro Sistema de Trading Compatible con Tu Trabajo.

A las 10 pm vuelvo a abrir los gráficos de nuevo buscando patrones de velas diarias y observo el progreso de mi operación. Si ha sucedido el movimiento de precio correcto, avanzaré mi stop loss al nivel de entrada de la operación. El día siguiente revisaré los gráficos a las 10 pm y buscaré más patrones de velas diarias y si corresponde avanzaré el stop loss repitiendo esta rutina hasta que se cierre la operación. Entonces saco mi fichero de operaciones y genero un registro físico de la operación en el fichero y en una hoja de excel.

He creado una estructura física que incluye un conjunto de acciones en un espacio físico (mi oficina) basada en el Sistema de Trading Compatible con Tu Trabajo.

Las operaciones del Sistema de Trading Compatible con Tu Trabajo suelen aparecer de 2 a 6 veces al mes. He estructurado mi conjunto de acciones para estar frente a la pantalla del ordenador el mínimo tiempo posible. Estas acciones forman una estructura física en la que me concentro.

Si encuentro un punto débil en esta estructura o si no soy capaz de cumplirla, me esfuerzo en ajustar la estructura o mis acciones para actuar de la forma más robótica o estructurada posible. Esta estructura proporciona el entorno para el éxito de mi trading. Mi empeño e intención es crear un entorno y un conjunto de acciones que me permitan seguir mi plan de trading con la mayor precisión posible. También tengo otras estructuras relacionadas con otras partes de mi trading.

¿Qué significa ésto para ti? Bueno en primer lugar te has asegurado que tienes un plan de trading que se adapta a tu estilo.

En segundo lugar creas un entorno físico que te permita operar con tu sistema tan perfectamente como sea humanamente posible. Uno de los propósitos de tus registros de operaciones es encontrar los fallos en tu comportamiento y en tu sistema que te impiden hacer ésto.

Desconectar tu Atención

También es prudente tener otras actividades que absorban tu atención y que te permitan desconectar de los gráficos para que tu mente automáticamente se concentre en otros temas. Conozco un matrimonio de traders que trabajan en informática frente al ordenador toda la jornada. Cuando un patrón aparece y su software les avisa, abren la operación y siguen con su trabajo. Lo que es fantástico de ésto es que ambos tienen la actividad profesional para desconectar del trading y no depender financieramente del mismo.

También conozco otro trader intradía que mientras espera que aparezca un patrón se dedica a jugar con el ordenador, toda la adrenalina y estímulos que los traders buscan haciéndoles perder, la proporcionan los juegos, de forma que las operaciones de trading se puedan realizar de la forma más profesional posible.

Superando tus Comportamientos de Trading Erróneos

En este momento deberías observar que ya empiezas a pensar sobre trading de forma más profesional. Ya tendrás una visión más realista de lo que el trading puede darte y lo que no puede darte, y deberías haber concretado tus objetivos de trading.

Tus primer objetivo de trading debería ser crear un conjunto consistente de comportamientos y ajustar tu sistema hasta que sea rentable.

Observa que este objetivo es un objetivo de proceso y no un objetivo de resultados; tú tienes un control completo de los objetivos de proceso.

Necesitas olvidar completamente pensar en resultados y a cambio pensar en procesos. Si te concentras en ser el mejor trader que puedes ser y tienes fe que si haces ésto llegarás a ser rentable automáticamente entonces estarás pensando correctamente.

Recuerda, este proceso requiere Kaizen, pequeñas y continuas mejoras que en conjunto significan enormes cambios en sentido positivo. Incluso si cuando empiezas tu sistema no alcanza ganancias o incluso si tiene algunas pérdidas, usando estos métodos sabes que puedes transformar el sistema en una fórmula ganadora.

Es vital que mantengas registros sobre todo lo que haces cuando operas porque cuanto mejor sea la información disponible más precisos serán los cambios que puedes hacer.

También es muy importante que empieces a tomar conciencia de tus pensamientos cuando estás frente a tu aplicación de trading. Si estás iniciando este proceso, bien porque estás comenzando en el trading o porque has tenido que tomar un respiro para centrarte, mi sugerencia es que uses una cuenta de demostración o una micro-cuenta.

Así ahorrarás dinero y te aseguras de que eres rentable antes de añadir capital a tu cuenta. Si tras leer ésto sientes resistencias internas porque quieres ganar dinero rápidamente, entonces no estás pensando como un trader profesional.

Quieres desarraigar esos pensamientos y traerlos a la luz. Ellos te dirán en qué fase te encuentras en la evolución de amateur a profesional.

El 'trader pro' es auto-consciente y tú necesitas ser consciente de tus pensamientos para poder cambiarlos. Necesitas ser capaz de separarte de ti mismo para observar tus pensamientos en lugar de solo pensarlos. ¿Cómo tomas el control de tu mente? ¡Meditación diaria!

Hay varios tipos de meditación, pero la que quieres practicar es mantener en blanco tu mente. Sencillamente siéntate cómodamente un rato, para empezar digamos unos 5 minutos y luego ve aumentando hasta 30 minutos al día.

Limpia tu mente de todo pensamiento e imagina un cielo limpio y azul. Cuando aparezcan pensamientos en tu mente, bórralos para mantener tu mente en blanco. Te resultará difícil al principio pero con la práctica se irá haciendo más fácil.

Así entrenas tu mente para 'ver' pensamientos en lugar de solo pensarlos. La meditación tiene muchos otros beneficios, busca un libro para iniciarte o en YouTube si quieres más información.

El Principio 80/20

Si no has leído el libro El Principio 80/20 de Richard Koch, te recomiendo encarecidamente que lo hagas, es un gran libro. Básicamente describe el fenómeno de la desigualdad. En la vida aproximadamente el 20% de las causas son responsables del 80% de los resultados.

Lo que ésto significa para ti como trader es que probablemente sólo muy pocos aspectos de tu trading son los que están causando casi todos los problemas. Si resuelves esos pocos temas tendrás unos resultados desproporcionadamente mejores. Así que ¿cómo encontrar tu mayor problema con el trading?

Buenos, probablemente tú ya sabes cual es; es lo que te causa la mayor frustración. Probablemente podrás recordar muy vívidamente un incidente doloroso causado por este problema. Ahí es donde empezarás. Yo no te conozco personalmente así que iré cubriendo los diferentes comportamientos en el trading sin un orden concreto.
Pasa de largo hasta que encuentres aquellos que te causan los mayores problemas y empieza por ellos.
(Si por cualquier razón no encuentras tu problema concreto, envíame un mensaje a lrthomasauthor@gmail.com e intentaré añadirlo al libro)

Comportamientos Negativos en el Trading

He agrupado los comportamientos negativos que suele
aparecer por la misma causa.

No Comprometerte a Usar Tu Sistema

Cuando un trader no está realmente decidido a usar su sistema éstos son los comportamientos típicos:

Búsqueda del Santo Grial, el sistema de trading que nunca pierde
Comprar un curso de trading tras otro
Ser demasiado influenciable por otros traders

Este comportamiento deriva de no tener un conjunto claro de criterios cuando se elige un sistema de trading. El trader solo quiere ganar dinero y busca el sistema mágico que es el ADECUADO para él, idealmente un sistema que nunca pierde y que le hará multimillonario en un muy breve plazo de tiempo.

Parte de la razón de saltar de sistema en sistema es una mentalidad del tipo "¡hay tantas flores bonitas en el jardín!", un miedo a perder algo al comprometerse con un método de trading.

El problema es que los años siguen pasando y nunca dejará de haber sistemas para probar. Ha llegado el momento de dejar de perder tiempo y encontrar el método que se adapte a ti.

L.R THOMAS

Si sigues, puedes perder años y no llegar a ninguna parte. Llegó el momento de 'hacerte profesional' y comprometerte.

Ya he hablado sobre este tema en el paso 1 de este proceso, sin embargo ahora es el momento de repetir las razones para elegir y "pegarse" a un sistema de trading concreto.

Es de la máxima importancia encontrar un sistema que se adapte a tu personalidad y a tu estilo de vida. Podría ser un sistema basado en velas diarias, trading a medio plazo, trading intradía o incluso scalping. Es el sistema que cuando lo probaste te hizo sentir más confortable y te funcionó mejor.

Si has hecho ya muchos cursos, es muy probable que ya tengas ese sistema en tu disco duro. No tiene sentido seguir con los ejercicios de este libro hasta que hayas encontrado el método que mejor funciona para ti y con el cual te vas a comprometer. Cuando eso suceda, no compres más cursos, no escuches a ningún otro trader, deja de visitar foros y limpia tu mente para este proceso de trading.

Demasiado De Todo En Tu Trading

El comportamiento incluye

Operar con demasiadas estrategias
Operar con demasiados marcos temporales
Operar con demasiados instrumentos

La otra razón para "pegarse" a un solo sistema, que los traders principiante subestiman, es la complejidad inherente a cualquier sistema por sencillo que sea. Por ejemplo los patrones de entrada son siempre ligeramente diferentes entre sí, incluso aunque parezcan iguales, puede haber diferentes circunstancias que lleven a este tipo de entrada. ¿Por qué es importante? Bien, puedes encontrar en tus registros que entrando al mercado con determinadas condiciones te da mejor resultado, en cuyo caso puedes arriesgar menos si existen otras condiciones.
Son estos niveles de complejidad dentro de un sistema los que distinguen el nivel de rentabilidad del mismo. Es imposible dominar estos niveles de complejidad si operas demasiados sistemas, marcos temporales o instrumentos. Necesitas concentrarte en un sistema y si es necesario en un instrumento y marco temporal de forma que puedas dominar los distintos niveles de complejidad inherentes a ese sistema.

Cuando un trader intenta abarcar demasiado, experimenta una sensación de agobio con el trading. Intenta hacer demasiado y no puede concentrarse porque su cerebro no es capaz de gestionar la cantidad de información. ¿Por qué hacen ésto los traders?

Es por una sensación de escasez, cree que más es mejor. Si un sistema puede darte dinero, entonces 3 sistemas pueden darte más.

Si un marco temporal te da dinero, entonces combinando trading a medio plazo con scalping conseguirás mucho más dinero.

Si puedes ganar dinero operando los pares principales de divisas, entonces seguro que puedes ganar más operando con pares exóticos, indices, acciones y materias primas.

Vas a ver adonde voy con ésto...

Observa esta imagen

CONTROLA TU TRADER INTERNO

Esta es una fotografía de la sala de trading del Deutsche Bank.

Si un trader pudiera operar con múltiples instrumentos, marcos temporales y estrategias, ¿por qué los bancos tienen estas enormes salas de trading? Cada uno de esos traders tiene un área pequeña de responsabilidad.

¡Ellos solo operan lo que pueden manejar!

Tú debería operar lo que puedes manejar FÁCILMENTE.

Conozco un trader que gana una enormidad de dinero y solo opera a medio plazo con el EURUSD

Muchos traders profesionales hacen eso. Se limitan a un instrumento financiero, un método y un marco temporal. La otra razón para hacerlo es que cuando el cerebro no está agobiado con información se puede concentrar realmente en el instrumento financiero elegido y hacerse un experto en todas sus peculiaridades.

No todas las estrategias funciona con todos los instrumentos; incluso si usas sólo una estrategia con múltiples instrumentos, (lo que es fácil de hacer con velas diarias) descubrirás que la estrategia funciona mejor con unos pocos instrumentos. Durante el proceso de Kaizen automáticamente restringirás tus operaciones a esos pocos instrumentos para incrementar tu relación de operaciones ganadoras/perdedoras.

Entrar al Mercado Demasiado Pronto

Entrar demasiado pronto al mercado se relaciona con dos cosas, una es una sensación de escasez sobre los mercados.

El pensamiento se produce como sigue. 'Si no entro ahora el precio avanzará y me perderé esta operación. Hay pocas operaciones. ¡Qué diablos! ¡Voy a entrar!'

El problema con este tipo de pensamiento es que se experimenta con una sensación de urgencia extrema y el trader no se da cuenta de este proceso mental al suceder tan rápidamente.

El trader entonces entrá al mercado y a menudo pierde porque el mercado aún no está listo para el movimiento. El problema se complica ya que tras un par de estas operaciones, el trader se puede desilusionar tanto sobre la operación que no entra al mercado cuando el movimiento decisivo comienza.

Ésto lleva a un tipo de pensamiento que se desarrolla así. 'Nunca tendré éxito en el trading, mira la operación que he dejado pasar, soy un inútil para ésto'. Ésto lleva a un sentimiento de fracaso que puede llevar a la depresión.

Este tipo de comportamiento se repite una y otra vez a menos que el trader cambie la forma en la que maneja el problema.

El Método Físico

La forma de manejar este problema es doble, primero manejas los comportamientos físicos y al mismo tiempo manejas los aspectos emocionales.

La gestión de los aspectos físicos del asunto significa que de una forma muy consciente pones obstáculos en tu camino para que te sea más difícil auto-sabotearte.

Si normalmente corres a ver los gráficos cuando se dispara una alarma, o si estás observando los gráficos cuando la entrada a una operación se va formando, entonces deliberadamente te mantienes a distancia de la pantalla.

Ésto va a ser molesto, porque todo en tu interior se dice que entres al mercado. Sin embargo ese es el momento en que quieres ralentizar las cosas. Ten escritas las condiciones de entrada en una tarjeta y entonces coge la tarjeta y léela cuidadosamente a distancia de la pantalla. Esto confirmará que estás haciendo los correcto al tomar ese tiempo extra y asegurarte que no estás perdiéndote nada.

Mientras lo haces, respira profundamente y realiza los ejercicios emocionales que aparecen después para mantener la calma.

Cuando te sientas calmado y estés seguro de lo que estás buscando como punto de entrada, puedes ir a la pantalla.

CONTROLA TU TRADER INTERNO

Si estás operando con marcos temporales amplios, pueden pasar hora o incluso días para que aparezca una entrada correcta. Observa el tipo de comportamiento que tienes en este escenario. Puede ser que la alerta por precio se dispare mucho antes de tu entrada real confirmada.

Sin embargo tu comportamiento es tal que empiezas a observar la pantalla y los movimientos infinitesimales del mercado y te convences a ti mismo a entrar antes de que llegue la confirmación.

En este tipo de escenario necesitas mirar el reloj en lugar de observar la pantalla. Este tipo de comprobación forzada también puede usarse en los marcos temporales inferiores.

Supongamos que tienes que entrar cuando se cierre la vela de 4 horas, la alarma ya ha sonado, pero en lugar de ir a ver la pantalla, miras tu reloj. Entonces ves que aún quedan 2 horas hasta el cierre de la vela de cuatro horas. (si operas con marcos temporales inferiores, podría ser una vela de 15 minutos)

Encuentra algo que hacer mientras esperas sin mirar la pantalla, asegurándote que sin importar la fuerza de la sensación de urgencia que te empuja a abrir los gráficos, tú la ignoras y tomas el control de tus acciones, y a la vez realizas los ejercicios emocionales.

Prepara una alarma en el reloj si es necesario y vuelve a la pantalla al cierre de la vela. Cuando observes los gráficos ten a mano tu tarjeta con las condiciones para entrar para que puedas comprobar físicamente si se cumplen tus condiciones de entrada. Esto ayuda con la urgencia para entrar al mercado ya que si ves físicamente que tus condiciones no se cumplen con una evidencia escrita, será más difícil que tu mente racionalice la urgencia.

Prepárate mentalmente para comprobar en lugar de mirar. Comprobar significa una mirada rápida darse cuenta si están presentes las condiciones de entrada, si no están presentes, cierra los gráficos y ajusta tus alertas para el cierre de la próxima vela.

Tienes que evitar estar mirando la pantalla ya que la sensación de urgencia por entrar al mercado puede ser agobiante y llevarte a perder el control

Al estructurar deliberadamente tus acciones físicas para estar frente a los gráficos el menor tiempo posible estás formando un conjunto de hábitos que te protegerán del auto-sabotaje. Estos hábitos te parecerán extraños al principio pero tras practicarlos unas pocas veces este nuevo proceso se convertirá simplemente en una parte de tu rutina de trading.

El Método Emocional

La herramienta que yo uso se conoce por sus siglas en inglés como EFT (Emotional Freedom Technique - Técnica de Libertad Emocional). Esta técnica fue desarrollada por un autor llamado Gary Craig hace algunos años y es el método más potente que conozco para reducir el impacto de las emociones intensas, a veces en cuestión de pocos minutos. La otra virtud de este método es que es extremadamente simple y puede ser practicado por cualquiera.

Para darte una idea de la potencia de este método incluyo un enlace a un vídeo (en inglés) de varios terapeutas usando EFT con soldados que sufren trastorno por estrés postraumático. Los soldados habían sufrido este trastorno desde la guerra de Vietnam y tras 20 años la psicoterapia tradicional apenas había proporcionado ayuda.

Debajo está el enlace. Te sugiero que dediques unos minutos a este vídeo para ver lo que quiero decir antes de continuar con el libro.

http://tinyurl.com/war-veterans

Puedes ver en el vídeo que incluso psiquiatras y psicólogos admiten la potencia de usar EFT para reducir las emociones dañinas.

Combinando la potencia de EFT con la modificación de la conducta en tu trading verás considerables mejoras tanto en tus comportamientos y en los bajones emocionales que los causan.

También usan EFT deportistas de máximo nivel para controlar su psicología y mejorar su rendimiento. En el vídeo siguiente verás como un súper-piloto de fórmula uno usa los golpecitos con los dedos.

http://tinyurl.com/racing-driver

Cómo Practicar EFT

EFT es fácil de practicar; simplemente te golpeas suavemente con los dedos índice y medio en algunos puntos específicos de acupuntura (tapping). Mientras lo haces te concentras en aquello que te causa dolor y lo repites en voz alta. La forma de medir la mejoría es dar a cada emoción un número del 1 al 10 y evaluar tras cada ronda de tapping cuánto se han reducido las emociones .

Los puntos específicos de acupuntura son

El borde de la mano (punto karate)

La parte interna de la ceja

El lado externo del ojo

Bajo el ojo

Bajo la nariz

En la barbilla

En la clavícula

Bajo la axila (zona ligeramente dolorosa)

Incluyo un enlace a un vídeo de YouTube (en inglés) que muestra visualmente lo básico y hace mucho más fácil ver exactamente dónde están estos puntos y cómo hacer tapping.

http://tinyurl.com/eft-basics-video

Verás en el vídeo que se usa una frase que describe el problema mientras te das golpecitos (tapping). En el vídeo el problema es un "fuerte dolor de cabeza" que es un problema físico. EFT se puede usar para problemas tanto físicos como emocionales.

Cuando haces tapping para resolver tus problemas con el trading tienes que encontrar una frase que describa con precisión estos problemas para ti. Puedes sustituir las palabras que yo uso con aquellas que describan tus sentimientos con precisión para ti.

Volvamos al primer problema, entrar al mercado demasiado pronto y cómo superar la sensación de urgencia que nos incita a querer entrar al mercado antes de tiempo.

Aquí está el protocolo de tapping, recuerda que puedes cambiar las frases de forma que describan de la forma más precisa las emociones que sientes. Este protocolo debería practicarse cuando sientas la urgencia de entrar al mercado.

La mejor forma de revivir las emociones es estar en la situación realmente cuando estás practicando. La alternativa es visualizar una película mental que reproduzca un evento específico donde sentiste esta urgencia con gran intensidad. Mientras la película avanza, cuando llegues a la parte donde sientes la urgencia fuertemente intenta reconstruirla al mayor nivel posible para representar con precisión lo que sentiste durante la operación real. Cuando sientas esta emoción amplificada dale una valoración numérica y efectúa una ronda de tapping.

EFT Ronda Uno
Haz tapping en el punto karate mientras repites 3 veces.

Pese a que tengo una sensación de urgencia tan fuerte para entrar demasiado temprano al mercado yo me amo y acepto a mi mismo profunda y completamente.

Pese a que tengo una sensación de urgencia tan fuerte para entrar demasiado temprano al mercado yo me amo y acepto a mi mismo profunda y completamente.

Pese a que tengo una sensación de urgencia tan fuerte para entrar demasiado temprano al mercado yo me amo y acepto a mi mismo profunda y completamente.

Haz tapping en el punto de la ceja unas 7 veces mientras dices

Yo necesito entrar al mercado ahora mismo pese a que no es el momento adecuado.

Haz tapping al lado del ojo unas 7 veces mientras dices

No debo dejar pasar esta operación, puede funcionar y yo me la perderé.

Haz tapping bajo el ojo unas 7 veces

Yo tengo que entrar al mercado ahora mismo para hacer que me sienta mejor.

Haz tapping bajo la nariz unas 7 veces

Yo tengo un sentimiento tan intenso que es realmente vital que entre el mercado ahora mismo.

Haz tapping en la barbilla unas 7 veces

Yo sé que no debería entrar al mercado demasiado pronto esta vez pero siento que necesito hacerlo.

Haz tapping en la clavícula unas 7 veces

Yo tengo que entrar al mercado para sentirme mejor y no quiero perderme esta operación, puede ser que nunca tenga de nuevo una oportunidad como ésta.

Haz tapping bajo la axila donde se tiene una sensación ligeramente dolorosa unas 7 veces

Yo quiero iniciar la operación, yo puedo perder esta oportunidad para siempre y nunca vivir del trading

(Observa que en la ronda de EFT también he añadido los pensamiento que yo tenía acerca de este tema.)

Cuando hayas acabado la primera ronda de tapping toma tu temperatura emocional y observa si tienes la misma cifra que cuando reprodujiste ese suceso en tu mente. Repite la ronda de tapping hasta que sientas que tu temperatura emocional se haya reducido a 0 o 1. Deberías notar que no hay sensación de urgencia para entrar al mercado y que de hecho tienes mucho tiempo disponible.

Además deberías haber tenido un cambio de paradigma de forma que simplemente pienses de forma diferente sobre el problema. Ahora puedes darte cuenta de que tu piensas que no tiene sentido entrar al mercado a menos que hagas una entrada de bajo riesgo y que si el precio se mueve demasiado rápido y te pierdes la entrada entonces tú buscarás una oportunidad más tarde para entrar al mercado.

Cuando tengas este cambio de paradigma y ya no notes la sensación de urgencia para entrar al mercado demasiado pronto prueba con una operación real.

Puedes darte cuenta de que la sensación de urgencia reaparece por ser una situación diferente. Sencillamente haz tus rondas de tapping de igual forma usando frases que describan lo que tú estás sintiendo. Deberías combinar este tapping con las acciones físicas que usas para no estar frente a la pantalla del ordenador.

Otra cosa que puede suceder mientras haces tapping es que mientras este problema mejora, otros problemas comienzan a emerger. Puede ser que tengas un recuerdo o un pensamiento relacionado con la sensación de carencia o pérdida. Quizás viviste en un hogar donde tus padres siempre estaban preocupados por el dinero y tu tienes un recuerdo específico relativos a tu padre o tu madre.

Lo primero, antes de hacer tapping sobre este próximo problema asegúrate de has resuelto completamente el problema sobre el que estás trabajando.

Entonces puedes hacer otra ronda de tapping en relación con el sentimiento de carencia en tu vida y el recuerdo familiar específico que surgió.

Ejemplo

Pese a que mi padre decía 'somos pobres y siempre seremos pobres' yo me amo y acepto a mi mismo completamente.

Es importante recordar que incluso si sientes que no lo estás haciendo 'bien', El EFT es muy robusto y aún así obtendrás resultados.

Recapitulando, encontramos los problemas que tienen el mayor impacto negativo sobre nuestro trading. Diseñamos un conjunto de comportamientos físicos que hagan que sea difícil el auto-sabotaje. Integramos esos comportamientos en una rutina de trading. Ejecutamos esa rutina de trading pese a que nos resulte algo extraña. Usamos estrategias como comprobar los gráficos en momentos predeterminados en lugar de quedarnos viendo los gráficos. Podemos usar alertas de precio por SMS, ajustando las alertas para que se disparen cuando el precio haya pasado una zona de ruptura, de forma que ni siquiera necesitemos acercarnos a los gráficos hasta después de la ruptura. Puedes diseñar tu propio conjunto de comportamientos de trading de forma que sea práctico, cualquier cosa que dificulte físicamente el auto-sabotaje está bien.

También usamos el EFT para tratar los problemas emocionales y neutralizarlos hasta tener un paradigma diferente y que ya no deseemos repetir el comportamiento negativo.

Entrar al Mercado Demasiado Tarde

Aquí tenemos el problema de ver como las operaciones se van sin nosotros. Este es el lado negativo de sobre-analizar y de tremendos miedos a equivocarse con la operación. Sobre-análisis es cuando todas las condiciones están presentes, el patrón y las condiciones de entrada se cumplen y pese a ello la mente del trader sigue buscando pruebas adicionales de que está en lo cierto. No ha aceptado realmente la naturaleza incierta del 'lado derecho del gráfico'.

Cuando hay demasiado miedo asociado al resultado de la operación, suele suceder tras una serie de pérdidas. Si el trader ha estado siguiendo su método probado entonces la consecuencia de este tipo de racha de pérdidas es que puede terminar en cualquier momento. Una forma lógica de manejar este problema es medir la mayor serie de pérdidas registrada del sistema y cuando tenemos una pérdida, aceptar mentalmente que puede ser el inicio de una secuencia de pérdidas equivalente a la racha más larga registrada.

Hay un trader que conozco que deja de operar si tiene tres pérdidas seguidas. Sabe que si eso sucede es que algo no funciona en su trading y su retirada de la zona de trading ha salvado su cuenta.

43

Sin embargo también hay pérdidas que forman parte del sistema de trading y el trader tiene que ser capaz de manejarlas.

Uno de los problemas de sobre-analizar es asociar el resultado de cualquier operación concreta al resultado imaginado a largo plazo de fracasar en los mercados. Por ejemplo, la mente del trader le podría estar diciendo:

'Si esta operación tiene pérdidas demuestra que no debería estar operando en los mercados. Yo no soy bueno haciendo trading y ¿qué le voy a decir a mi pareja? No he ganado dinero este mes. Tendré que abandonar el trading y buscar un trabajo. ¿Cómo voy a encontrar trabajo a mi edad? Perderemos la casa, acabaremos en la calle y mi pareja me abandonará. Terminaré pidiendo limosna en la calle'

Con este tipo de pensamientos ¿Es de extrañar que un trader se quede petrificado de miedo?

Así una resistencia a entrar en los mercados lleva a iniciar demasiado tarde las operaciones, lo que lleva a tener pérdidas. También lleva a no entrar en operaciones que debería haber iniciado, llevando a pérdida de ganancias. Ésto afecta a las estadísticas del sistema lo que puede transformar un sistema ganador en uno perdedor. Ésto lleva entonces a un miedo extremo cuando se entra al mercado que puede conllevar quedarse petrificado con lo que el trader es emocional y físicamente incapaz de iniciar una operación.

Cómo Manejar el Sobre-Análisis, El Método Físico

Ésto requiere que el trader cree una secuencia de sucesos y seguirla sin dudar. Para reducir la ansiedad es beneficioso disminuir el tamaño de las operaciones
En una tarjeta escribe una lista de los pasos de la operación con un recuadro de confirmación junto a cada paso. El objetivo del trader es completar los pasos de la tarjeta. De esta forma el trader solo tiene que concentrarse en un paso en cada momento y gestionar el miedo de cada paso lo que lo hace mucho menos agobiante.

Ésto cambia los objetivos de resultados (como ganar la próxima operación, lo que está fuera del control del trader) a completar cada uno de los pasos de trading y marcar cada recuadro de confirmación, lo que son objetivos de proceso. Ésto puede dar al trader una sensación muy necesaria de cumplimiento de objetivos y hacerle volver al buen camino.
Al operar de la forma correcta es más probable que gane operaciones, al ganar operaciones siente que cumple objetivos, lo que le empuja a continuar con los comportamientos de trading correctos.

En este método físico la adherencia a marcar los recuadros de confirmación está diseñada para superar los sentimientos de miedo del trader y la tendencia a sobre-analizar las operaciones.

Sin embargo el uso del método emocional es lo que causa que el trader tenga un cambio de paradigma que facilita mucho los pasos. Trataremos eso a continuación.

El Método Emocional

Al usar las rondas EFT que siguen, crea una película mental de un incidente específico en tu mente. Esta película debería durar de unos 30 segundos a un minuto para pasar por toda la secuencia de trading.

El clímax de esta película mental es dónde te ves incapaz de abrir la operación y observas cómo avanza sin ti. Valora tus emociones en una escala del 1 al 10, mejor un valor lo mayor posible y comprueba ese nivel después de cada ronda de tapping.

Sabrás que has tenido éxito cuando el nivel emocional sea 0 o 1 al reproducir la película mental en tu cabeza. Podrías tener también un cambio de paradigma en el que tus pensamientos sobre el problema sean ahora diferentes. Puedes pensar algo similar a lo siguiente:

'Yo no sé cuál será el resultado de la operación, esa no es mi responsabilidad. Yo sé que el sistema funciona a largo plazo, mi trabajo es ejecutar cada operación lo mejor que me sea posible'. Ésto demostrará que has experimentado un cambio completo de tus creencias sobre el problema.

Puede ocurrirte que el miedo reaparezca en el momento de iniciar una operación real, simplemente haz tapping de la misma forma que en la práctica. Incluso si te pierdes la operación mientras haces tapping, en la próxima oportunidad deberías observar que el problema ha quedado resuelto.

También puede ocurrir que mientras haces tapping sobre este problema, surgen otros recuerdos y pensamientos en conexión con el tema que tendremos que tratar. Asegurate de que has solucionado este problema concreto antes de empezar con el siguiente. El tipo de cosas que podría surgir puede ser un recuerdo de tu padre o madre diciendo algo como

'Eso es muy arriesgado, nosotros no arriesgamos nuestro dinero' o recuerdos de tus padres hablando de problemas financieros con mucho miedo'

El Método Emocional para el Parálisis por Análisis y el Miedo a Equivocarse

Recuerda que puedes introducir tu propia frase que describa con precisión el problema.

Haz tapping en el punto karate mientras repites 3 veces

Pese a que siento tanto miedo antes de entrar al mercado yo me amo y acepto a mi mismo profunda y completamente.

Pese a que siento tanto miedo antes de entrar al mercado yo me amo y acepto a mi mismo profunda y completamente.

Pese a que siento tanto miedo antes de entrar al mercado yo me amo y acepto a mi mismo profunda y completamente.

Haz tapping en el punto de la ceja unas 7 veces mientras dices

Tengo demasiado miedo para entrar al mercado necesito saber qué va a pasar.

Haz tapping al lado del ojo unas 7 veces mientras dices

Necesito más tiempo para pensar sobre esta operación Me gustaría saber qué va a pasar.

Haz tapping bajo el ojo unas 7 veces mientras dices

Quiero ver el futuro de esta operación y si será ganadora.

Haz tapping bajo la nariz unas 7 veces

Si esta operación falla significa que soy un pésimo trader y no puedo mantener a mi familia.

Haz tapping en la barbilla unas 7 veces

¡Esta operación tiene que ser ganadora pero tengo tanto miedo por si pierde!

Haz tapping en la clavícula unas 7 veces

No puedo arriesgarme a perder en esta operación, si pierdo significa que soy un perdedor que no puede ganar.

Haz tapping bajo la axila donde se tiene una sensación ligeramente dolorosa unas 7 veces

Quiero esperar antes de entrar al mercado hasta que sepa seguro que va a ganar.

Como puedes ver en la ronda de EFT anterior introduzco los pensamientos acerca del problema de no iniciar la operación. Al articular los pensamientos en voz alta también se ayuda a que el trader procese lógica y emocionalmente su irracionalidad. Es muy común que afloren otros problemas como miedo de no ser capaz de mantener a mi familia.

Si estos pensamientos aparecen en tu mente mientras practicas el tapping, primero resuelve el problema que estás tratando y después trabaja en el 'miedo a no ser capaz de mantener a mi familia' o cualquier otro pensamiento que surja.

Fobia a Iniciar Operaciones

A veces el miedo a entrar al mercado se ha hecho tan fuerte que se ha transformado en una auténtica fobia y el trader es totalmente incapaz de iniciar una operación.

Con esta situación el método físico no funciona, lo que es necesario es un trabajo emocional para destruir la fobia.

Recomendaría pedir ayuda a un profesional especializado en tratar fobias e idealmente que entendiera el entorno de trading. Sin embargo si estás bloqueado y quieres intentarlo por ti mismo entonces prueba los métodos siguientes.

La Cura de Fobias con NLP

Encuentra un lugar tranquilo para estar contigo mismo mientras practicas este ejercicio.

Imagina que estás sentado solo en la butaca de un cine con una enorme pantalla frente a ti y el proyector detrás tuyo y por encima, donde estaría normalmente el proyector.

Entonces en tu ojo mental obsérvate a ti mismo flotando sobre tu asiento y dentro de la cabina de proyección mientras te ves a ti mismo sentado en la butaca del cine.

Entonces obsérvate a ti mismo viendo una película que describe la secuencia de sucesos que te llevó a ser incapaz de iniciar operaciones de trading.

Observa la película a través del ojo de tu mente, ésto no debería durar más de 30 segundos a un minuto.

Entonces rebobina la película a alta velocidad y visiónala de nuevo. Haz esto tres veces.

Ahora visiona la película de nuevo pero en lugar de ser una película muda, esta vez añade con tu imaginación una música rápida y alegre, como música de circo o algo que te guste.

Entonces visiona la película de nuevo pero en lugar de ser una película en color cámbiala a blanco y negro, pásala invertida de arriba a abajo y visiónala con la música alegre.

Todo ésto debería hacerse mientras tú estás viéndote a ti mismo viendo la pantalla.

Este ejercicio está diseñado para codificar esta serie de sucesos en tu mente de forma que dejen de tener el mismo impacto emocional. Espera unos minutos tras realizar este ejercicio y pasa de nuevo la película donde te bloqueabas al iniciar una operación de trading y comprueba si la intensidad emocional se ha rebajado.

El Método Emocional, La Cura de Fobias con EFT

Antes de realizar este ejercicio evalúa la intensidad emocional que sientes mientras te visualizas a ti mismo iniciando una operación de trading. Pasa la película mental de nuevo y cuando se empiecen a incrementar las emociones de iniciar una operación de trading empieza a realizar rondas de tapping hasta que la intensidad emocional se haya reducido. Repítelo hasta que la intensidad se haya anulado y hayas tenido un cambio de paradigma de modo que tus pensamientos acerca de entrar al mercado hayan cambiado. Por ejemplo puedes encontrarte pensando, 'iniciar una operación es solo el riesgo que hay que aceptar para entrar al mercado, solo hay que hacerlo de la mejor forma posible'.

Entonces compruébalo en una operación real, sigue haciendo tapping mientras esperas una entrada hasta que hayas reducido el miedo de iniciar la operación.

En este punto permíteme que te relate una historia de advertencia de lo que me ocurrió a mí cuando hice este ejercicio, yo eliminé completamente mi miedo a entrar al mercado, hasta el punto de que empecé a tener el problema opuesto de iniciar las operaciones con demasiada alegría. Si este problema surge tras haber curado tu miedo entonces deberás hacer tapping para no entrar al mercado sin precauciones. ¡Necesitas precaución seguida de tranquilidad solo cuando sabes que la operación es correcta!

L.R THOMAS

Debo enfatizar que mi consejo es pedir ayuda a un terapeuta profesional de EFT, después de todo tu carrera como trader está en juego y probablemente necesitarás solo una o dos sesiones para resolver el problema.

En el siguiente enlace puedes ver a un terapeuta de EFT curando una fobia ¡en veinte minutos! (vídeo en inglés)

http://tinyurl.com/20minphobiacure

Combinación de Comportamientos Negativos con Pérdida Completa del Control

El siguiente conjunto de comportamientos se pueden agrupar ya que representan la misma causa básica, una pérdida completa de control. El problema se combina, ya que si pierdes el control al comienzo de la operación, esa pérdida de control tiende a acentuarse y otros comportamientos entran en juego.

Operaciones sin estrategia

Forzar operaciones, convenciéndote a ti mismo de entrar a una operación inexistente

Operar sin stop loss

Aumentar el stop loss

Arriesgar demasiado en una operación

Operar vengativamente para recuperar lo perdido

Cerrar la operación demasiado pronto, sin permitir que se desarrolle.

Por ejemplo, estás impaciente por iniciar una operación, así que fuerzas la entrada, empezando cuando no hay una operación real. Cuando la operación se vuelve contra ti, aumentas el stop loss. Las pérdidas se multiplican y cuando finalmente sales del mercado has perdido una buena parte de tu cuenta. Enfurecido con el mercado empiezas a arriesgar demasiado en operaciones inexistentes y tomando venganza imaginaria contra el mercado.

Comienzas a operar sin stop loss y cuando quieres darte cuenta has recibido una llamada al margen, y todo porque perdiste el control y te impacientaste por una operación.

El problema aquí es que los seres humanos no estamos programados para mantener auto-control por largos periodos de tiempo.

Si practicas trading intradía y pasas más de 2 horas mirando la pantalla probablemente empezarás a perder tu auto-control. Hay traders que pierden el auto-control usando gráficos de velas de una hora y algunos incluso con marcos temporales mayores.

Si estás decidido a ser trader intradía y empiezas a devolverle dinero al mercado después de 2 horas entonces no hagas más de hora y media de trading.

No hagas trading hasta llegar a estar exhausto, detente mientras aún tienes un nivel razonable de energía mental.

Uno de los mejores formas de aumentar tu auto-control es incrementar los marcos temporales en los que operas.

Si pasas a operar con velas diarias, es improbable que pierdas el control por exceder tu tiempo de trading.

Compruebas tus gráficos al finalizar el día de trading, tienes tiempo abundante para hacer tus estudios, y generalmente no tienes que preocuparte por anuncios y noticias. Cuando inicias una operación sabes que no verás resultados hasta el día siguiente por lo que es mucho más sencillo apagar la pantalla e ir a la cama.

Lo que quiero decir es que si te descubres a ti mismo perdiendo el control regularmente en los mercados probablemente necesites pasar a un marco temporal superior.

Si sientes resistencia a este cambio entonces hay una creencia sobre la forma de ganar dinero que está causando un conflicto. Es frecuente entre los traders creer que cuanto más operaciones hacen más dinero van a ganar. También creen que cuanto más duro trabajen más ganarán. Estas creencias provienen de la forma en la que casi todo el mundo gana el dinero (en un trabajo) y pueden llevar al exceso de trading (overtrading) y la resistencia a pasar a marcos temporales mayores donde hay menos oportunidades de trading.

Lógicamente pueden saber que ganarán más dinero operando en marcos temporales mayores pero emocionalmente se sienten empujados a hacer scalping y trading intradía incluso aunque esos marcos temporales les causen perder el control y su dinero.

Antes de seguir con la ronda de tapping para tratar estas creencias echemos una mirada lógica a la idea de que puedes hacer más dinero con el trading intradía o el scalping que usando marcos temporales mayores.

Primero déjame preguntarte por qué te acercaste al trading, fue solo para ganar dinero o fue para mejorar tu calidad de vida. Cuando ves filas de traders de instituciones bancarias encadenados a sus escritorios, ¿te parece eso calidad de vida? Esos traders se queman muy rápido por el entorno de alto stress.

Para ganar dinero en los mercados tienes que mantener la rentabilidad,si sigues perdiendo el control en los mercados no puedes tener rentabilidad. No importa si tu conoces un scalper o un trader intradía que gana grandes sumas cada día. Si no estás hecho para ese tipo de trading, lo que les da dinero a ellos, te lo quitará a ti. Te resultaría mejor darles tu dinero para que lo gestionen mientras tú te dedicas a otros asuntos.

Cuando encuentres un método que te dé el estilo de vida que quieres y se ajuste a tu personalidad, entonces es mucho más probable que ganes dinero. Ese método incluye el marco temporal que te permita operar sin pérdida de control.

El Método Emocional

El método emocional para eliminar creencia de que más trading equivale a más ganancias

Recuerda que puedes introducir tu propia frase que describa con precisión el problema.

Haz tapping en el punto karate mientras repites 3 veces.

Pese a que creo que tengo que hacer muchas operaciones para ganar dinero en los mercados yo me amo y acepto a mi mismo profunda y completamente.

Pese a que creo que tengo que hacer muchas operaciones para ganar dinero en los mercados yo me amo y acepto a mi mismo profunda y completamente.

Pese a que creo que tengo que hacer muchas operaciones para ganar dinero en los mercados yo me amo y acepto a mi mismo profunda y completamente.

Haz tapping en el punto de la ceja unas 7 veces mientras dices

Creo que cuanto más duro trabaje más dinero ganaré incluso aunque sé realmente que eso no es cierto.

Haz tapping al lado del ojo unas 7 veces mientras dices

Si trabajo duro el mercado me recompensará, cuando más duro trabaje más recompensa tendré.

Haz tapping bajo el ojo unas 7 veces mientras dices

Estando en el mercado incluso cuando estoy mentalmente exhausto creo que el mercado me recompensará. El trabajo duro siempre obtiene recompensa.

L.R THOMAS

Haz tapping bajo la nariz unas 7 veces
Si hago trading 8 horas al día puedo hacer mucho dinero con el trading.
Haz tapping en la barbilla unas 7 veces
Cuanto más duro trabaje más dinero ganaré
Haz tapping en la clavícula unas 7 veces
Abrir más operaciones significa que estoy trabajando duramente y el trabajo duro será recompensado.
Haz tapping bajo la axila donde se tiene una sensación ligeramente dolorosa unas 7 veces
Cuanto más opere más ganaré.

Cuando hayas acabado la primera ronda de tapping di en voz alta: cuanto más duro trabajo más dinero gano y evalúa si suena auténtico en una escala de 1 a 10. Debería repetir las rondas de tapping hasta que ya no sientas que esta frase es cierta.

Resumen

Ahora sabes el método para recuperar el auto-control en los mercados.

Siempre que sea posible crea un sistema físico que haga difícil el auto-sabotaje.

Combina ésto con EFT para reducir la intensidad emocional, cambia tus creencias y pasa a un paradigma que mejore tu trading.

Si quieres continuar y aprender más sobre EFT, hay gran cantidad de buenos cursos que puedes estudiar. Cuanto más puedas mantener el control de tus emociones en el trading mejor trader serás.

Conclusión

Visita mi blog para ver los detalles de todos mis ebooks

http://10xroitradingsystem.com/for-my-spanish-speaking-students/

Te deseo buen trading.
LR Thomas

Recursos Recomendados

Libros mencionados en Controla Tu Trader Interno:

El Principio 80/20 de Richard Koch

Fuera de Serie de Malcolm Gladwell

La Guerra del Arte de Stephen Pressfield
.

CPSIA information can be obtained
at www.ICGtesting.com
Printed in the USA
LVHW082254241022
731482LV00031B/454